Contenido

INTRODUCCION 4

IDEA #1 8

IDEA #2 9

IDEA #3 9

IDEA #4 9

IDEA #5 10

IDEA #6 10

IDEA #7 10

IDEA #8 11

IDEA #9 11

IDEA #10 12

IDEA #11 12

IDEA #12 13

IDEA #13 13

IDEA #14 13

IDEA #15 14

IDEA #16..14

IDEA #17..15

IDEA #18..15

IDEA #19..15

IDEA #20..16

IDEA #21..16

RECOMENDACIONES...................................18

INTRODUCCION

Amo los tacos, casi conozco todas las taquerías de mi ciudad, de asada, de pastor, de tripa, de ubre , caseros y de los que se te ocurran, pero bueno este no es un libro sobre mis hábitos alimenticios sino de porque toque este tema al inicio, pues porque hace dos semanas que mi vecina cerro su taquería y la verdad ya tenían bastantes clientes, la razón, "le fueron a pedir cuota o derecho de piso" y ella decidió cerrar; hace una semana mataron a dos integrantes de una familia por resistirse a pagar cuota en una taquería que llevaba más de 30 años funcionando y era conocida por todos en la ciudad.

Hace dos meses le robaron a una vecina en su negocio que era una clínica de spa todos sus aparatos y herramientas.

Hace seis meses a un conocido que acababa de sacar equipo de computo a plazos le asaltaron su negocio y se llevaron sus computadoras, que aun sigue pagando.

No hay preferencias en cuanto al giro del negocio, solo que pagues y así como esos te puedo mencionar uno o dos incidentes más por cada día del año, definitivamente la inseguridad en el país esta insostenible, y la verdad es que no va a mejorar en un buen rato, para aquellos que son soñadores esa es la verdad, pero si a nivel internacional nos comparan con países terroristas esto no se va mejorar en un buen rato y no me disculpo, es mi opinión basada en hechos que veo en mi día a día.

Y este libro no es para seguir recordando lo que diariamente vemos y leemos en las redes sociales y los pocos canales de noticias fidedignos que quedan en el medio, este libro no es para eso, sino para enseñarte como en medio de toda esta crisis de inseguridad, incremento en precios, desempleo, secuestros, robos, asaltos y demás aun puedes tener ideas lucrativas, seguras, para tener o hacer tu propio negocio y ganar suficiente dinero para ti y tu familia, sin estar preocupado por todo eso que acabo de mencionar.

Pensando en cómo ganar dinero sin morir en el intento me puse a investigar modelos de negocios seguros y al final todos tenían un factor en común "Las TICS", es decir todos ellos necesitaban de un dispositivo electrónico, redes sociales y cuentas de correo electrónicas u otros medios de contacto, para llevarse a cabo desde cualquier lugar geográficamente donde te encuentres, eso quiere decir que puedes llevar tu negocio a tu casa, oficina, parque, playa, ciudad, país o continente y seguirá funcionando, no solo 8 horas que es lo que dura la jornada laboral sino las 24 horas del día te estará generando dinero, además de darte la liberta necesaria que te permitirá ocuparte en asuntos más importantes como tu familia, vacaciones, proyectos personales o lo que se te ocurra, eso quiere decir que estos negocios no solo te darán seguridad, sino también libertad y estabilidad si pones de tu esfuerzo para ayudarlos a crecer, ya que no necesariamente puedes enfocarte en una idea de negocio sino en varias.

Las únicas recomendaciones que te daré por ahora es que cobres anticipadamente o pide un adelanto por tu negocio, también puedes manejar cobros online seguros para ti y tus clientes, se honesto y honrado con los demás y respetuoso, se diligente al ofrecer tu negocio y constante, tu eres tu marca y tu llevas el ritmo de éxito en tu negocio.

Así que sin más empecemos a conocer estas ideas que me hacen estar segura, libre y estable sin necesidad de pagar "cuota".

IDEA #1

Este, la que lees, si exactamente, un libro, un manual, una novela, un comic, una capacitación, puede ser video, audio libro, libro impreso o digital, pueden ser manuales o clases de algo que tu sabes más que otros o en lo que tienes más destreza, sonara tedioso, algunos piensan que no tienen ideas, o que no son buenos en algo, pero la verdad todos somos buenos en algo por lo menos en una cosa, podemos lucrar con ese cumulo de conocimientos, aptitudes y crear un libro, solo tendrás que dedicarte a el una sola vez, subirlo a la plataforma para su venta y listo, y de ahí solo dedicarte a promocionarlo con amigos, conocidos, grupos, redes sociales, paginas y ya.

Tan sencillo como ponerle un buen titulo, índice, darle una breve introducción y comenzar a plasmar tu conocimiento en el.

IDEA #2

Vende un producto, ya sea que tu lo hagas de manera artesanal, profesional, que este registrado por ti o solo seas un intermediario, puede ofrecerlo a tus contactos en redes sociales o poner tu anuncio en internet o crear una cuenta en las tantas tiendas virtuales que hay en internet.

IDEA #3

Retomando la explotación al máximo de tu cerebro, crea un blog, si eres bueno escribiendo sobre un tema, entretienes con anécdotas, cuentos, chismes, criticas, revisiones, etcétera, entonces crea un blog y monetízalo para que por visitas te den dinero.

IDEA #4

Siguiendo la misma línea, si además de escribir se te da lo de hablar en público sobre temas similares al anterior u otros que no haya mencionado entonces también puedes ser videoblogger, hay plataformas que si eres bueno, constante, y persistente podrás monetizar tus videos y ganar por ellos, la constancia puede hacerte ganar seguidores después de un tiempo o un golpe de suerte y que tu video se vuelva viral.

IDEA #5

Si eres artista, pintas, esculpes, diseñas, creas algo, igual puedes crear un sitio web, o blog o tener una tienda en línea para ofrecer tus productos, o enseñar cómo hacerlos por medio de videos organizados en formas de lecciones.

IDEA #6

Las tiendas en línea están de moda, la gente se la vive en las redes sociales o viendo y comprando en línea, puedes aprovechar eso y solo dedicarte a vender productos hechos por ti o revender productos que consigas a buenos precios ya que en internet siempre hay ofertas.

IDEA #7

Ser FreeLancer o trabajador independiente es lucrativo, sobre todo en el área del diseño grafico o multimedia, puedes ofrecer tus servicios en sitios o redes especializadas, compartiendo tu portafolio de trabajos para que conozcan la calidad de tu trabajo, pueden ser dibujos, logos, diseños, paginas, videos, animaciones, música, diseñador web, editor digital, desarrollador de apps, etc.

IDEA #8

Si sabes de música, poesía, o ambas entonces en algún momento de tu vida has creado canciones, podrías dedicarte a crearlas y vender los derechos a disqueras u otros artistas, aquí es necesario tener contactos u ofrecer tus servicios en plataformas dedicadas a música, o también ser instructor de música.

IDEA #9

Si tienes experiencia en una rama en particular puedes ser consultor para personas, grupos o empresas, ya bien sea presencial o en línea, que te pagan por hora o por consulta, puede ser en llamada o video llamada, ofrece tu servicio en páginas, tiendas, o redes sociales, no te imaginas la infinidad de consultas y temas que puedes hacer que van desde ejercicio, dietas, cocina, informática, contabilidad, finanzas, tesis, etc.

IDEA #10

Si eres buena organizando horarios, capturando datos, reuniones, centro de llamadas, compras en línea, etc. entonces puedes ofrecer tus servicios como asistente virtual, te pueden pagar por hora, día, semana, mes, puede ser para una persona o para una empresa. ofrece tu servicio en páginas, tiendas, o redes sociales.

IDEA #11

Si se te dan los idiomas entonces puedes ofrecer servicios de traducción, cobrar por tiempo, por trabajo, por pagina, o contrato definido a una persona o empresa.

IDEA #12

A diferencia del consultor que solo apoya en temas que los demás ya dominen, Profesor o instructor virtual o Coach, enseña desde cero, o regularizando en algún tema o impulsando sobre alguna idea de temas variados y varias índoles, hay sitios o plataformas especializadas para que ofrezcas tus servicios de enseñanza y cobrar por el curso en la destreza que manejes.

IDEA #13

Se te da como pez en el agua la ortografía, redacción y gramática, entonces puedes editar y revisar textos de cualquier índole, ofrece tu servicio en páginas, tiendas, o redes sociales, hay alumnos o compañías que necesitan de tu agilidad.

IDEA #14

Amas el ejercicio y las dietas, estudiaste nutrición, salud, deportes, entonces conviértete en entrenador personal, entre por medio de video llamadas, libros, guías, videos, manuales, planes creados por ti o para alguien en especifico y véndelos en internet.

IDEA #15

Sabes cocinar, pues ofrece tus platillos por internet en tu ciudad, pueden ser tan fáciles o elaborados como lo decidas, solo necesitas tener un perfil en redes sociales y ofrecer en ella las fotos de tus platillos y sus precios, también hay grupos locales donde ofrecer tus comidas, y llevarlos a domicilio.

IDEA #16

Amas la fotografía, tomas buenas fotos, pues véndelas en internet, hay paginas que se dedican a vender los derechos de tus fotos digitales y te cobran solo un porcentaje de tu venta por estar usando su sitio para el negocio, así también te pueden contratar para servicios profesionales para eventos, empresas o revistas.

IDEA #17

Se te da fácil conseguir ofertas en internet, aprovéchalas!!! compra esos productos y revéndelos un poco más barato que su precio normal en tiendas, puede ser venderlos en tiendas online o redes sociales, actualmente los productos asiáticos tienen mucha demanda, hay muchos sitios donde puedes conseguirlos a mayoreo o menudeo a precios increíbles.

IDEA #18

Consigue promociones especiales, crea paquetes de viajes y ofértalos en línea, debes de ser rápido ya que tienen una fecha de expiración, incluso puedes ofrecerlos entre tus amigos, compañeros y conocidos.

IDEA #19

Ya si eres un informático especializado o cuentas con certificaciones oficiales sobre cursos en línea, entonces puedes crear tus cursos y registrarlos, ofertarlos por internet en video o plataforma virtual y cobrar por ellos, ya que ofrecerás diplomas oficiales que avalaran el aprendizaje.

IDEA #20

Ser asesor fiscal, financiero o contable online tiene sus ventajas, debes ofertar tus servicios en redes sociales de manera seria y ser recomendado por tu cartera de clientes como una persona eficaz en su trabajo, actualmente el lugar donde vivas no es un impedimento para ofrecer este servicio, lo único que necesitas es un equipo de computo, internet y medios por donde tus clientes o futuros clientes puedan contactarte.

IDEA #21

Tienda online dropshipping, estas tiendas son nuevas, tú te unes a la empresa como presentadora o representante oficial de la marca, y de lo único que tienes que preocuparte es de compartir la marca en tus redes sociales, blog, paginas, tienda etc.;, por lo regular estas empresas te dan una tienda online para que promociones el sitio y cada que compartes y compran ahí te ganas un porcentaje de ventas, hay de varios tipos pero mis favoritas son las de cosméticos ya que representan a nivel mundial un porcentaje de ventas impresionantes anualmente en muchos países, de hecho uno de mis negocios es este, si quieres saber más sobre la marca que utilizo para ganar dinero contáctame en mis redes sociales como @landyareth o @themakeuplatino y te mando información con gusto.

RECOMENDACIONES

- La idea central está en ocupar las redes sociales, no necesitas un local donde gastes en renta para darte a conocer, es más eficaz un perfil profesional con la idea de lo que quieres ofertar claramente.

- Dependiendo cuales hayas elegido para comenzar tu negocio, algunos requerirán cierto número de horas en la semana checando o publicando o promocionando constantemente.

- Si aun te cuesta dominar las redes sociales ve video tutoriales o lee mi siguiente libro.

- Se constante y disciplinado tanto como desees tener éxito en tu negocio.

- Algunos negocios requieren que estés cierto número de horas en tu PC y otras desde tu dispositivo móvil puedes manejarlo y organizarte, como la idea #21.

- Se profesional tanto como gustes, algunos necesitan presencia en tu imagen otros no necesitaran ni verte la cara todo depende.

- El sitio donde promociones tu negocio que tenga una imagen profesional con fotos de buena calidad y buena redacción en la información que ofrezcas, que sea honesta y veraz.

- No te desesperes o desanimes sino cuentas con los mejores dispositivos, eso será poco a poco conforme vaya creciendo y mejorando el negocio.

- La clave es ser único, creativo y perseverar, mantente animado y positivo.

- Tendrás que crear algunas cuentas ya bien de correo, tienda, sitios, blog, redes sociales para darte a conocer.

- En siguiente libro compartiré estrategias y planes de E-marketing para llevar cualquiera de estos negocios al éxito.

- Puedes seguirme o escribirme en mis redes sociales @landyareth , gracias.